BIOGRAPHIE

DU

Représentant du peuple

ALPHONSE BAUDIN

MORT

LE

3 DÉCEMBRE 1851

EN VENTE

CHEZ PLATAUT ET ROY

15, RUE DU CROISSANT, 15

1868.

BIOGRAPHIE

DE

Réprésentant du Peuple

ALPHONSE BAUDIN

BIOGRAPHIE

DU

Représentant du peuple

ALPHONSE BAUDIN

MORT

LE

3 DÉCEMBRE 1851

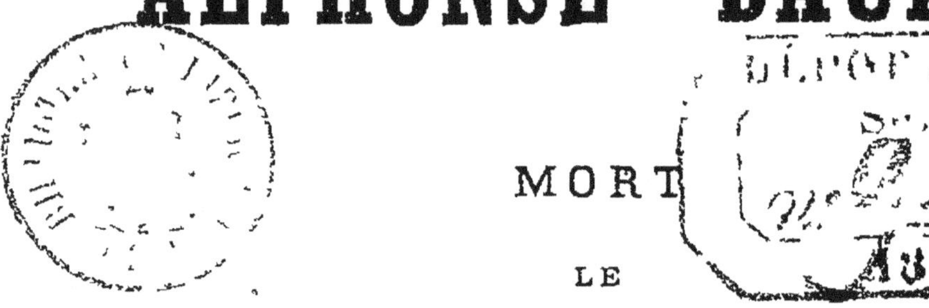

EN VENTE

CHEZ PLATAUT ET ROY

15, RUE DU CROISSANT, 15

1868.

BIOGRAPHIE DU REPRÉSENTANT DU PEUPLE

ALPHONSE BAUDIN

———

Jamais la presse française ne s'est trouvée dans un état plus insolite.

Depuis le 2 novembre dernier, elle ne s'occupe que de feu le représentant du peuple Alphonse Baudin.

Baudin le martyr, Baudin le grand citoyen, Baudin l'homme glorieux, Baudin l'orateur, les exploits et les vertus de Baudin, Baudin le médecin des pauvres, Baudin clubiste, Baudin représentant du peuple, Baudin sur la barricade, un monument à Baudin !

— On ne lit que cela !

Si feu le représentant du peuple Alphonse Baudin pouvait revenir de l'autre monde et s'il entendait les hommages posthumes qu'on lui décerne, il s'écrierait certainement :

— Paix à la tombe de Baudin ! Un *De Profundis*, si le cœur vous en dit, mais pour l'amour de la vérité, ne faites pas de Baudin un héros, car il n'a jamais envié que le titre de républicain convaincu.

Votre encens est une injure à sa mémoire.

Baudin n'a jamais mérité la gloire que vous lui concédez.

Laissez-le en paix dans la tombe, où il repose depuis dix-sept ans.

S'il vous faut absolument donner des couronnes, couronnez le zouave Jacob, Henri Rochefort, la belle Mlle de La Périne.

Les candidats à votre faveur ne vous manqueront pas.

A Baudin le silence, et rien de plus !

Par ce temps de Baudinomanie, nous qui ne sommes pas Baudinomaniaque, nous nous sommes proposé d'écrire la biographie d'Al-

phonse Baudin, et non l'histoire de la deuxiè-
me République.

Nous n'apprécierons rien.

L'histoire du coup d'Etat nous laissera in-
différent.

M. E. de Girardin disait récemment qu'il
doit y avoir prescription.

C'est notre avis aussi; de plus, nous
croyons qu'on ne saurait porter encore un
jugement impartial sur les événements de
décembre 1851.— Nous en sommes trop rap-
prochés.

Ce jugement appartiendra à nos enfants.

Ceux qui ont le plus protesté contre le 18
brumaire ont pleuré à la lecture de l'Ode à la
Colonne, et ont salué le retour des cendres
du grand Empereur.

Attendons!

Alphonse Baudin mort sur une barricade
pour la défense de son parti n'a pas été un
martyr.

Ce fut un combattant.

Il n'est pas mort comme tant d'autres vic-
times des guerres d'indépendance ou des
luttes de partis, fusillés après un procès
sommaire.

Une balle égarée l'a atteint au milieu d'une
centaine d'hommes réunis autour de lui.

Sa mort fut celle de tout combattant prédestiné.

*
* *

Voici l'histoire du combattant républicain qui tomba sur la barricade de la rue Sainte-Marguerite, le 3 décembre 1851.

Alphonse Baudin naquit en 1811, à Nantua, dans le département de l'Ain.

Son père, Pierre Baudin exerçait la profession de médecin dans cette ville et avait deux autres fils : Georges et Camille, l'un continue aujourd'hui la profession de son père, le second est avoué.

*
* *

Alphonse Baudin fut envoyé à Paris pour y étudier la médecine et soutint sa thèse en 1830.

Jeune, ardent, fervent admirateur des hommes de la grande Révolution, il se lia avec Blanqui qui en 1835 le fit admettre dans la *Société des Saisons*.

Cette société secrète dont on attribue la création à Blanqui, se composait de saisons, printemps, été, automne, hiver ; il y avait douze mois, cinquante-deux semaines. Un homme représentait un jour. L'initiation se faisait de la manière suivante :

Le candidat se faisait présenter à deux frères qui lui servaient de parrains, on lui bandait les yeux et un inconnu lisait le formulaire ainsi conçu :

D. Est tu républicain ?

R. Je le suis.

D. Jures-tu haine à la royauté ?

R. Je le jure.

D. Si tu as la prétention de faire partie de notre association secrète, sache donc qu'il faut obéir au premier ordre de tes chefs. Jure obéissance absolue.

R. Je le jure.

— Je te proclame alors membre de la *Société des Saisons*.

L'inconnu disparaissait et on enlevait le bandeau du nouveau frère.

Son initiation faite, Baudin en sa qualité de médecin, fut requis de donner ses soins aux frères malades et obtint une assez grande popularité.

Il fut présenté à Barbès et à Martin Bernard.

Baudin ne prit aucune part à l'émeute babouviste du 13 mai 1839, mais il se fit admettre dans la *Loge des Amis de l'honneur français* et contribua au développement des sociétés secrètes.

—

*

Il exécrait Louis-Philippe, ce roi bourgeois qui, quoiqu'on dise, garrotta de chaînes caressantes les adversaires un peu redoutables que sa politique devait ménager.

Baudin tout en visitant ses malades faisait de la propagande socialiste jusque dans les cabarets borgnes, et il fit connaissance de tous les braillards de conciliabules et de tous les écrivassiers de la presse démagogique.

Il valait certes mieux qu'eux, mais sa cravate blanche se souillait au contact de ces

Marat, qui n'avaient du célèbre clubiste que ses cheveux longs et ses mains sales.

*
* *

A cette époque, il défendait les idées suivantes :

La création d'un système d'éducation publique tendant à élever les générations dans une communauté d'idées compatibles avec le progrès ;

L'organisation du crédit par l'Etat ;

La propriété, c'est le droit qu'a chaque citoyen de jouir et de disposer à son gré de la *portion de biens qui lui est garantie par la loi ;*

Les aristocrates, les tyrans, quels qu'ils soient, sont des esclaves révoltés contre le souverain de la terre qui est *le genre humain* et contre le législateur de l'univers qui est *la nature.*

Ces doctrines épouvantables furent combattues par Armand Carrel, comme vingt-neuf ans plus tard, E. de Girardin devait combattre les hommages posthumes décernés à Baudin.

Lors des journées de février 1848, Baudin donna ses soins aux blessés et fonda en mars le club de l'*Avenir* qui tenait ses séances dans la salle de l'école communale du faubourg St-Antoine. — Il présida ce club.

*
* *

Le club l'*Avenir* fut ce qu'étaient tous les clubs de Paris, c'est-à-dire la parodie des clubs de 1793 et le champ de Mars des avocats sans causes, des médecins sans malades, des écrivains sans éditeurs.

*
* *

On y pérorait, on y morigénait le gouvernement provisoire, on y développait les idées de Baudin et sa maxime favorite :

*
* *

A chacun suivant ses besoins, par chacun suivant ses forces.

*
* *

En un mot, on y établissait le droit du pauvre, du paresseux et du turbulent, d'exiger une part dans la fortune du riche, c'est à dire le nivellement des fortunes et la loi agraire par des mesures législatives, enfin l'abolition de l'héritage.

*
*

Au mois d'avril 1848, le docteur Baudin se présenta aux élections dans le département de l'Ain.

Voici un passage de sa profession de foi que nous retrouvons dans le livre de M. Alphonse Lucas qui trouve que cette profession de foi ne donne pas une bien haute idée de la modestie du docteur Bandin : « Sollicité par un grand nombre d'entre vous, un homme du pays, Alphonse Baudin, médecin à Paris, natif de Nantua, vient aujourd'hui se présenter à vos suffrages : républicain dès son enfance, issu d'une famille ayant donné des gages à la patrie dans tous les temps difficiles, *homme pur et désintéressé*, dont les convictions n'ont jamais varié, je vois que mon tour est enfin venu pour me mettre sur les rangs. »

Il échoua et ne fut élu que l'année suivante.

*
* *

Compromis dans les affaires du 15 mai, il
fut arrêté le 18 et enfermé à la Conciergerie
avec Courtais, Saisset, Pierre Leroux, de
Flotte, Bocquet, Netret, Hilbruit et Rey ;
mais comme il n'y eut pas de preuves contre
lui il fut mis en liberté.

Le 23 mars 1849, il tint dans son club un
violent discours contre le projet de loi sur le
droit de réunion et signa avec Joly, d'Alton
Shée, etc., la protestation suivante :

..... « Le 29 janvier, un ministre de Louis
Bonaparte avait présenté un projet de loi at-
tentatoire à l'existence des clubs ; le 27, *le
Comité démocratique socialiste des Electeurs*
protestait, au nom des électeurs de la Seine,
contre la simple présentation de cette loi,
qui contient une violation flagrante de l'article 8 de la Constitution.

« Après l'adoption de l'article 1er du projet par *la majorité de l'Assemblée nationale*, nous protestons de nouveau ; nous affirmons, avec tous les organes de la presse démocratique socialiste que cette loi est une atteinte directe aux droits de réunion et d'association ; elle est un crime contre la République.

« Les représentants qui se sont abstenus ont fait leur devoir, qu'ils persévèrent !

« Le peuple est avec eux ! »

*
* *

Aux élections de Mai, il se présenta de nouveau dans le département de l'Ain, avec Bochard, les deux Bouvet, Gastier, Ledru-Rollin, Edgard Quinet et Roselli Mollet.

Il fut élu le cinquième par 46,739 voix et siégea à la Montagne.

Il signa la demande de mise en accusation contre le Président de la République et les ministres accusés par la Montagne d'avoir violé la Constitution en donnant l'ordre d'assiéger Rome.

Son nom figure au bas du manifeste publié

dans les journaux socialistes du 13 juin et de
l'appel au peuple daté du Conservatoire des
Arts-et-Métiers.

Nous reproduisons ces deux documents.

DÉCLARATION DE LA MONTAGNE

au

PEUPLE FRANÇAIS.

Le peuple seul est souverain.

Les délégués du peuple, quels qu'ils soient,
le président de la République, les ministres,
les représentants eux-mêmes, ne reçoivent et
ne conservent leur mandat qu'à la condition
d'obéir à la Constitution.

Quand ils la violent leur mandat est brisé.

La Constitution dispose, art. 51 : le Président de la République « veille à la défense
« de l'Etat, ne peut entreprendre aucune
« guerre sans le consentement de l'Assem-
« blée nationale. »

Art. 5 du préambule : « La République
« française respecte les nationalités étrangè-
« res comme elle entend faire respecter la

« sienne ; n'entreprend aucune guerre dans
« un but de conquête, et n'emploie jamais ses
« forces contre la liberté d'aucun Peuple. »

Or, le Président de la République a déclaré la guerre à Rome sans le consentement de l'Assemblée nationale.

Bien plus, au mépris du décret de l'assemblée du 7 mai, il a continué de faire verser le sang français.

Enfin, il a employé les forces de la France contre la liberté du peuple romain.

Cette double violation de la Constitution est éclatante comme la lumière du soleil.

Les représentants du peuple soussignés, ont fait appel à la conscience de leurs collègues, en leur proposant la mise en accusation du pouvoir exécutif.

La majorité de l'assemblée a rejeté l'acte d'accusation ; elle s'était déjà rendue complice du crime par son vote sur les affaires d'Italie.

Dans cette conjecture que doit faire la minorité ?

Après avoir protesté à la tribune, elle n'a plus qu'à rappeler au peuple, à la garde nationale, à l'armée, que l'art. 110 confie le dépôt de la Constitution et des droits qu'elle consacre à la garde et au patriotisme de tous les Français.

Peuple, le moment est suprême !

Tous ces actes révèlent un grand système de conspiration monarchique contre la République. La haine contre la démocratie, mal dissimulée sur les bords de la Seine, éclate en toute liberté sur les bords du Tibre.

Dans cette lutte engagée entre les peuples et les rois, le pouvoir s'est rangé du côté des rois contre les peuples.

Soldats ! *on vous condamne à seconder les Autrichiens dans l'asservissement de l'Italie.*

Au moment où la Prusse, la Russie et l'Autriche menacent nos frontières de l'Est, on veut faire de vous les auxiliaires des ennemis de la France.

Gardes nationaux, vous êtes les défenseurs de l'ordre et de la liberté· La liberté et l'ordre, c'est la Constitution, c'est la République !

Rallions-nous tous au cri de : Vive la Constitution ! Vive la République !

(Suivent les signatures des représentants de la Montagne.)

AU PEUPLE

Le Président de la République et les Ministres sont hors la Constitution.

La partie de l'assemblée qui s'est rendue leur complice par leur vote s'est mise hors la Constitution.

La garde nationale se lève !

Les ateliers se ferment !

Que nos frères de l'armée se souviennent qu'ils sont citoyens, et que le premier de leur devoir est de défendre la Constitution !

Que le Peuple entier soit debout !

Vive la République !

Vive la Constitution !

On connaît l'histoire des sanglantes journées qui ont suivi ces manifestes.

Dans la séance du 27 juin, Baudin a interpellé le ministère sur l'entrée d'un commissaire de police dans un local occupé par une réunion des représentants de la Montagne.

Les clubs ayant été fermés, Baudin ne fit plus que de rares apparitions à la Chambre, il passa tout son temps à soigner les malades et en cela il fut infatigable et mérita le surnom de *médecin des pauvres*.

Ce fut vers cette époque qu'il fit connaissance du docteur Conneau, qui lui offrit de le présenter au Président de la République.

Il refusa.

**

Le 27 février 1850, Baudin signe avec les représentants composant la réunion de la Montagne, l'adresse au peuple que nous reproduisons :

AU PEUPLE

Un vide immense s'est fait dans nos rangs : la mort nous a enlevé James Demontry, Robert (de l'Yonne) ; l'exil, Ledru-Rollin, Félix Pyat, Considérant, Cantagrel, Martin Bernard, Beyer, Kopp, Anstett, Kœnig, Hofer, Pflieger, Menand, Rougeot, Avril, Rolland,

Landolphe, Heitzmann, Jannet, Rattier, Boichot ; la prison, Deville. Vautier, Fargin-Fayolle, Pilhes, Maigne, Gambon, Boch, Daniel-Lamazière, Commissaire et Suchet.

Dans la pensée des ennemis de la République, la Montagne était destinée à périr. A peine entrée dans l'assemblée législative, elle perd ses membres les plus influents ceux qu'appelaient à la guider, à l'instruire, l'expérience, la faveur populaire, le *talent*, le *génie.*

Comment avons nous résisté à de si rudes épreuves ?

Comment ? Nous avons eu foi dans la République, dans les destinées de la Révolution ; le 13 juin devait tuer la Montagne, si elle n'avait été qu'une faction ; mais la Montagne n'est pas une faction. On peut affaiblir ses forces, on n'ébranlera pas sa foi ; on peut décimer encore ceux qui siégent sur ses bancs, mais on ne tuera pas l'idée qu'ils représentent. La Montagne n'est point au service d'un homme, d'un parti, d'une coterie, d'un intérêt ; elle a placé plus haut et plus loin ses espérances qui reposent sur les traditions les plus pures de la Révolution. Elle s'est faite le serviteur du peuple, elle vit de son amour pour lui ; si elle avait pu douter de sa puissance morale, les efforts tentés pour la détruire lui eussent donné la juste mesure. Quand elle considère par qui elle est aimée, par qui elle est détestée, elle se croit autorisée à penser qu'en face des partis coalisés ou séparés qui se disputent l'empire, elle seule est impérissable comme le peuple dont elle émane, et en qui elle tend sans cesse de s'absorber.

Vainement le pouvoir ajournait l'élection qui doit remplir les places vides dans nos rangs. Nous qui avons foi dans le bon sens des masses, dans la constance de leurs opinions, nous attendions cette lutte, témoins impassibles des mesures prises pour la rendre inégale.

La portée des élections du 10 mars ne vous a point échappé.

La politique générale du gouvernement y est profondément intéressée; et il doit surtout en ressortir un éclatant jugement de la conscience publique sur la question romaine.

Dans les Républiques démocratiques, les bons et les mauvais gouvernements se reconnaissent à un signe infaillible, les bons gouvernements servent à l'émission, au développement, à la propagande des idées. C'est qu'en effet, l'idée, c'est le progrès. Juste, elle profite à tous, et par conséquent au gouvernement lui-même qui doit être l'organe du peuple. Fausse, le bon sens public en fait justice ; elle tombe dans l'oubli. Tous les sophismes du monde ne parviendront pas à obscurcir cette vérité si simple : Vous craignez la lumière, donc vous avez de mauvais desseins.

L'idée triomphante aux barricades de Février, c'est le socialisme, c'est-à-dire l'émancipation des masses par le travail, le travail élevé à la hauteur de la propriété qu'il engendre et qu'il légitime, le bien être général assuré par une rémunération équitable du travail, l'abolition de l'usure.

Tel est le principe de justice qu'il s'agit aujourd'hui de dégager de plus en plus des ténèbres, et de réaliser à la lumière de la conscience du genre humain.

Comprimer cette idée, la transformer en attentat social, n'est-ce pas l'objet avoué de tous les efforts de la réaction ! Pouvoir, trésor, police, armée, ne voudrait-elle pas tout faire servir à l'anéantissement des principes où nous plaçons l'émancipation et l'avenir du monde ? Pour arriver à ce but, les vieilles conquêtes morales de nos pères, celles que l'on croyait le plus irrévocablement assurées, sont niées ou renversées. Quelle vérité reste debout ? Nos ennemis se proclament les sauveurs de la société, et chaque jour ils sapent par la base l'un des principes sur lesquels vit, non-seulement la société française, mais toute la société moderne.

La liberté de penser, source de toutes les autres, achetée au prix de tant de larmes et de sang, n'est-elle pas visiblement frappée.

. . . .

.

En échange de la liberté morale, quel bien-être matériel a-t-on répandu sur les masses? Où sont les nouveaux débouchés offerts au travail? *A t on abaissé les barrières protectrices du privilége*? Le peuple souffre la faim au milieu de l'abondance. La production accumulée est frappée de stérilité, faute d'une consommation que le travail seul peut exciter et étendre. Où sont les banques de crédit? Où est ce nouveau système hypothécaire qui devait attirer les capitaux vers un gage plus assuré et plus facile? Où est dans l'organisation du crédit public et privé, la part de confiance due à la probité du travailleur? Et les bienfaits de cette assistance officielle si pompeusement écrite dans la Constitution, où sont-ils? Ecoutez le langage de ces apologistes de la fatalité, lisez les écrits de ces blasphémateurs de la Providence, un jour ils proposeront de décréter la misère immortelle.

Qu'on dise la part du peuple dans ces huit milliards accumulés, durant cinquante ans, au grand-livre de la dette publique. Que lui reviendra-t-il dans les 1,500 millions inscrits sous toutes sortes de rubriques dans le budget de 1850? Et les 600 millions de la dette flottante! Quel est l'héritage, le douaire assurés au peuple par ces trésors, produit de ses sueurs.

.... Vous continuez à payer 100 millions sur les boissons, mais les rentes sur l'Etat, les capitaux placés â intérêt, les actions industrielles de toutes sortes se perpétueront dans le privilége seigneurial d'échapper à l'impôt. Telle est la politique suivie à l'intérieur. A l'extérieur, que fait-on de la gloire et de l'honneur de la France?... Où sont les anciens boulevards de la France? Où sont les peuples qui s'étaient levés pour notre cause et que nous avions promis de défendre? *Où est l'Italie? Nous l'avons replongée nous mêmes sous le joug de notre éternelle ennemie l'Autriche! Où est l'Allemagne? nous l'avons laissée retomber aux pieds de la Russie!* . . . . .

Approuvez-vous la restauration de la théocratie imposée par le fer à une population qui la repousse ?

Est-ce ainsi que vous entendez la souveraineté du peuple ?

Le pouvoir clérical sans conditions, est-ce la liberté que la France est appelée à donner au monde ?....

Allez aux comices, excitez les tièdes, soutenez les timides, contenez les impatients. Songez aux absents, aux exilés, à ceux qui ont souffert et qui souffrent pour la cause de tous.

(Suivent les signatures.)

Nous ne ferons aucuns commentaires au sujet de ce document, c'est à nos lecteurs d'apprécier si le Président de la République, qui devint l'Empereur Napoléon a, ainsi que le lui reproche ce document, « replongé l'Italie sous le joug de l'Autriche. »

Baudin vota contre la dotation présidentielle.

Le 12 août 1850, protestant contre la nouvelle loi électorale, il signa avec vingt-quatre de ses collègues un nouvel appel au peuple dont nous faisons les extraits suivants :

.... « *Les clubs, ces vastes cerveaux où s'élabore la pensée populaire*, — supprimés, les réunions où le Peuple, dans les occasions solennelles, met en commun ses affections et ses sentiments sur les hommes et les choses, — supprimée ; la presse, — baillonnée, emprisonnée, ruinée ; *l'enseignement public*, — — *dévolu aux prêtres ;* quiconque s'est dit républicain, — exclu des fonctions publiques. — Voilà l'œuvre de nos adversaires !

.... « L'idolatrie monarchique est ressuscitée : — On a dit d'un homme qu'il était était une seconde Providence !...

La loi du 31 *mai a supprimé cinq millions d'électeurs sur dix millions* dont la Révolution de Février avait reconnu l'existence.

La nouvelle loi électorale est tout un système. Au reste, citoyens, la délégation législative n'est qu'une affaire secondaire ; — le véritable souverain n'abdique jamais...

Le despotisme par le sabre est redoutable ; le despotisme par les lois est autrement dangereux. — Là, on ploie sous la force : c'est fatal, mais éphémère. — Ici on est esclave

par sa volonté : c'est odieux, et c'est dura-
ble. »

Baudin a fait partie de tous les comités de
la démocratie socialiste organisés à Paris,
à l'occasion des diverses élections.

Il eut pour secrétaires un teneur de livres
du nom de Fourguemin, et le commis-voya-
geur Jourdan, qu'il envoyait dans les dépar-
tements.

Les événements de 1851 sont racontés dans
l'Histoire du coup d'Etat de M. Eugène Te-
not et dans l'ouvrage des auteurs du diction-
naire de la Révolution française.

Nous ne reproduirons pas les passages con-
cernant la mort d'Alphonse Baudin, nous
nous bornerons de citer la *Patrie* du 3 décembre. — Voici ce qu'on lit dans ce jour-
nal :

« Le 3 décembre, vers midi, une barricade
a été élevée dans le faubourg Saint-Antoine
à la hauteur de la rue Sainte-Marguerite,
par une centaine d'individus qui avaient trois
représentants de la Montagne à leur tête,
MM. Madier-Montjau, Esquiros et Baudin.

« Le colonel du 19° léger a fait attaquer cette barricade par son régiment, mais sans donner l'ordre de tirer sur les insurgés.

« A un signal donné par les représentants que nous venons de désigner, les factieux ont tiré sur la troupe. Un soldat, mortellement atteint par une balle partie de leurs rangs, est tombé dans les bras de ses camarades indignés, pour ne plus se relever.

« La troupe a aussitôt riposté par une décharge qui a balayé les insurgés et la barricade a été immédiatement détruite. M. Baudin a été tué et M. Esquiros s'est enfui. »

Telle est l'histoire du représentant du peuple, Alphonse Baudin, mort le 3 décembre 1851 et enterré au cimetière Montmartre.

Alphonse Baudin a-t-il mérité qu'on lui

élève un monument expiatoire dix-sept ans après sa mort ?

— Nous répondrons par la négative, car en toute justice, le représentant Baudin n'a fait que partager les travaux de 184 représentants de la Montagne.

A la chambre il ne fut pas un foudre d'éloquence, s'il mourut fidèle à ses convictions, nombre de ses amis politiques ont affronté les mêmes dangers que lui.

Si on érigeait un monument à Alphonse Baudin, pour être conséquents, il en faudrait un second à Marcel, un autre au représentant du peuple Dussoubs et enfin à tous ceux qui sont morts sur les barricades ou en exil.

La majorité des Français est peu républicaine.

Ce serait trop de bronze en vérité et le parti républicain et socialiste est trop pauvre pour ériger des monuments à tous ceux qui ont succombé dans la lutte.

UN CONTEMPORAIN

Paris, le 25 novembre 1868.

Paris.—Imp. de G. Towne et Voisen, 9, rue d'Aboukir

Paris. — Imprimerie internationale de G. TOWNE,
9, rue d'Aboukir.